D1930184

Eröffnung

Im Namen des Vaters
und des Sohnes
und des Heiligen Geistes. Amen.

*V: Send uns deines Geistes Kraft,
der die Welten neu erschafft:
A: Christus, Herr, erbarme dich.*

*V: Lass uns als Waisen nicht,
zeig uns des Trösters Licht:
A: Christus, Herr, erbarme dich.*

*V: Dass in uns das Herz entbrennt,
deiner Gnade Reich erkennt:
A: Christus, Herr, erbarme dich.*

Maria Luise Thurmair (1952) – GL 246 · KG 480

*V: Heiliger Geist, erfülle das All.
A: Dein Hauch durchdringe die Welt.
Halleluja, Halleluja.*

Erster Tag

**Komm herab, o Heilger Geist,
der die finstre Nacht zerreißt,
strahle Licht in diese Welt.**

Wenn der Geist aus der Höhe über uns ausgegossen wird, dann wird die Wüste zum Garten und der Garten wird zu einem Wald. In der Wüste wohnt das Recht, die Gerechtigkeit weilt in den Gärten. Das Werk der Gerechtigkeit wird der Friede sein, der Ertrag der Gerechtigkeit sind Ruhe und Sicherheit für immer.

Buch Jesaja 32,15–17

Bereit
für das Kommen des Geistes?

In das scheinbar
Unübersehbare
Undurchdringliche
meines Lebens
meiner Seele.
In den Unfrieden meiner selbst.

Leuchtfeuer Geist
komm.

Zum Nachdenken

Was ist in meinem Leben dunkel?
Welche Finsternisse beherrschen unsere Welt?

Fürbitte

Lasst uns beten um das Licht des Geistes Gottes
– für alle, deren Leben durch Krieg und Terror bedroht ist;
– für alle, die unter Ungerechtigkeit und Ablehnung leiden;
– für alle, die Heimat, Hab und Gut verloren haben;
– für ... [eigene Anliegen].

V: Sende aus deinen Geist.
A: Und das Antlitz der Erde wird neu.

Psalmgebet

Gott, wie köstlich ist deine Huld!
Die Menschen bergen sich im Schatten deiner Flügel,
sie laben sich am Reichtum deines Hauses;
du tränkst sie mit dem Strom deiner Wonnen.
Denn bei dir ist die Quelle des Lebens,
in deinem Licht schauen wir das Licht.

Psalm 36,8–10

Abschluss des Gebets siehe Seite 20

Zweiter Tag

Komm, der alle Armen liebt,
komm, der gute Gaben gibt,
komm, der jedes Herz erhellt.

Jesus sprach zu seinen Jüngern: Ich werde den Vater bitten, und er wird euch einen anderen Beistand geben, der für immer bei euch bleiben soll. Es ist der Geist der Wahrheit, den die Welt nicht empfangen kann, weil sie ihn nicht sieht und nicht kennt. Ihr aber kennt ihn, weil er bei euch bleibt und in euch sein wird. Ich werde euch nicht als Waisen zurücklassen.

Johannes 14,16–18a

Arm – Ich? . . .
Was habe ich zu bieten . . .
. . . vor Gott?

Ein verdunkeltes Herz
voller Sehnsucht?

Bereit
für Gottes gute Gaben?

Vergebung
Hoffnung
Freude des Glaubens?

Zum Nachdenken

Selig, die arm sind vor Gott (vgl. Mt 5,3a)?
Die Armen unserer Zeit – wer sind sie?

Fürbitte

Lasst uns beten um die guten Gaben des Geistes Gottes
– für alle, die sich benachteiligt fühlen;
– für alle, denen es in materieller Hinsicht am Lebensnotwendigen fehlt;
– für alle, die unter den Leistungsmaßstäben unserer Gesellschaft leiden;
– für ... [eigene Anliegen].

V: Sende aus deinen Geist.
A: Und das Antlitz der Erde wird neu.

Psalmgebet

Die ihr den Herrn fürchtet, preist ihn!
Denn er hat nicht verachtet,
nicht verabscheut das Elend des Armen.
Er verbirgt sein Gesicht nicht vor ihm;
er hat auf sein Schreien gehört.
Die Armen sollen essen und sich sättigen;
den Herrn sollen preisen, die ihn suchen.
Aufleben soll euer Herz für immer.

Psalm 22,24a.25.27

Abschluss des Gebets siehe Seite 20

Dritter Tag

Höchster Tröster in der Zeit,
Gast, der Herz und Sinn erfreut,
köstlich Labsal in der Not.

Die Frucht des Geistes aber ist Liebe, Freude, Friede, Langmut, Freundlichkeit, Güte, Treue, Sanftmut und Selbstbeherrschung.

Galaterbrief 5,22–23a

Gast-Geschenke des Geistes.
Getröstet.
Ich bin aufgefangen und geborgen
gestärkt in der Krisis des Lebens.

Herz, Seele und Verstand
erfüllt von
Geist-Geschenken
zum Weiterreichen
in
Liebe
Solidarität
und Menschlichkeit.

Zum Nachdenken

Wo habe ich Trost nötig?
Welchen Mitmenschen kann ich eine Freude machen oder zu einem Hoffnungsträger in deren Not werden?

Fürbitte

Lasst uns beten um den Geschenke des Geistes Gottes
– für alle, die nach einem sinnerfüllten Leben suchen;
– für alle, die durch Leiderfahrungen ihre Lebensfreude verloren haben;
– für alle, die sich durch die Not ihres Lebens zu Boden gedrückt fühlen.
– für ... [eigene Anliegen].

V: Sende aus deinen Geist.
A: Und das Antlitz der Erde wird neu.

Psalmgebet

Herr, ich weiß, dass deine Entscheide gerecht sind;
du hast mich gebeugt, weil du treu für mich sorgst.
Tröste mich in deiner Huld,
wie du es deinem Knecht verheißen hast.
Dein Erbarmen komme über mich, damit ich lebe;
denn deine Weisung macht mich froh.

Psalm 119,75–77

Abschluss siehe Seite 20

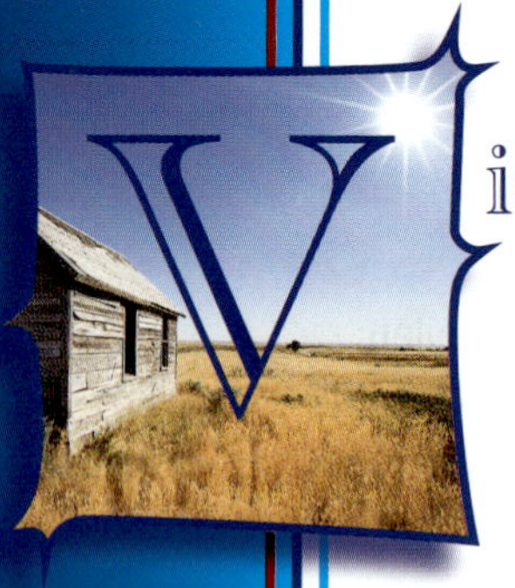

Vierter Tag

In der Unrast schenkst du Ruh,
hauchst in Hitze Kühlung zu,
spendest Trost in Leid und Tod.

Wenn Christus in euch ist, dann ist zwar der Leib tot aufgrund der Sünde, der Geist aber ist Leben aufgrund der Gerechtigkeit. Wenn der Geist dessen in euch wohnt, der Jesus von den Toten auferweckt hat, dann wird er, der Christus Jesus von den Toten auferweckt hat, auch euren sterblichen Leib lebendig machen durch seinen Geist, der in euch wohnt.

Römerbrief 8,10–11

Unstet
unruhig
das Leben.
Leidgeprüft
auch durch Sünde
in der Hitze des Tages.

Trost des Gottesgeistes
fließt ein
in die Begrenztheiten
und öffnet Horizonte
in Gottes Zukunft.

Zum Nachdenken

Welche innere Unruhe befällt mich immer wieder? Die Ursache? Kenne ich Menschen, die sich schnell »erhitzen«?

Fürbitte

Lasst uns beten um die Ruhe, den Ausgleich und den Trost des Geistes Gottes
– für alle, die in Unfrieden mit sich selbst und mit ihrer Umgebung leben;
– für alle, die sich leicht empören und vorschnell andere verurteilen;
– für alle, die im Angesicht von Unheil und lebensfeindlicher Umstände den Mut verlieren;
– für ... [eigene Anliegen].

V: Sende aus deinen Geist.
A: Und das Antlitz der Erde wird neu.

Psalmgebet

Freu dich innig am Herrn!
Dann gibt er dir, was dein Herz begehrt.
Befiehl dem Herrn deinen Weg und vertrau ihm;
er wird es fügen.
Sei still vor dem Herrn und harre auf ihn!
Erhitze dich nicht über den Mann, dem alles gelingt,
den Mann, der auf Ränke sinnt.

Psalm 37,4–5.7

Abschluss siehe Seite 20

Fünfter Tag

**Komm, o du glückselig Licht,
fülle Herz und Angesicht,
dring bis auf der Seele Grund.**

Der Geist nimmt sich unserer Schwachheit an. Denn wir wissen nicht, worum wir in rechter Weise beten sollen; der Geist selber tritt jedoch für uns ein mit Seufzen, das wir nicht in Worte fassen können.

Römerbrief 8,26

Der Seele Grund
das unentdeckte Land.

Dorthin
will Er kommen
die Finsternis hell
machen
damit ich mich
im Licht Gottes
erkenne . . .
. . . und meine Bestimmung.

Er kennt den Weg.

Zum Nachdenken

Gibt es in meiner Umgebung Menschen, die in ihrer Seele leiden? Begegnen mir Menschen mit einem finsteren Gesicht?

Fürbitte

Lasst uns beten um das Licht des Geistes Gottes
– für alle, die an einer seelischen Störung leiden;
– für alle, die auf der Suche nach sich selber sind;
– für alle, die sich aus Scham selbst nicht ins Gesicht schauen können;
– für ... [eigene Anliegen].

V: Sende aus deinen Geist.
A: Und das Antlitz der Erde wird neu.

Psalmgebet

Ich habe den Herrn beständig vor Augen.
Er steht mir zur Rechten, ich wanke nicht.
Darum freut sich mein Herz und frohlockt meine Seele;
auch mein Leib wird wohnen in Sicherheit.
Du zeigst mir den Pfad zum Leben.
Vor deinem Angesicht herrscht Freude in Fülle,
zu deiner Rechten Wonne für alle Zeit.

Psalm 16,8–9.11

Abschluss siehe Seite 20

Sechster Tag

Ohne dein lebendig Wehn
kann im Menschen nichts bestehn,
kann nichts heil sein noch gesund.

Jesus antwortete Nikodemus: Amen, amen, ich sage dir: Wenn jemand nicht aus Wasser und Geist geboren wird, kann er nicht in das Reich Gottes kommen. Was aus dem Fleisch geboren ist, das ist Fleisch; was aber aus dem Geist geboren ist, das ist Geist.

Johannes 3,5–6

Bewegendes Leben
Geistwind Gottes
vom Alten
zum Neuem.

Wir werden
hineingeboren
in ein neues Sein:
Kinder Gottes.

Geistwind Gottes –
Lebensquelle Heilsquelle.

Zum Nachdenken

Wo reagiere ich allzu menschlich und verletzend?
Gibt es in meiner Umgebung unheilvolle Strukturen und Lebensbedingungen?

Fürbitte

Lasst uns beten um die Leben schaffende Kraft des Geistes Gottes
– für alle, die auf der Suche nach Gott sind;
– für alle, die unheilvollen Lebenserfahrungen ausgesetzt sind;
– für alle, die sich nach Heil und Frieden sehnen;
– für ... [eigene Anliegen].

V: Sende aus deinen Geist.
A: Und das Antlitz der Erde wird neu.

Psalmgebet

Der Herr ist mein Licht und mein Heil:
Vor wem sollte ich mich fürchten?
Der Herr ist die Kraft meines Lebens:
Vor wem sollte mir bangen?
Hoffe auf den Herrn und sei stark!
Hab festen Mut und hoffe auf den Herrn!

Psalm 27,1.14

Abschluss siehe Seite 20

Siebenter Tag

Was befleckt ist, wasche rein,
Dürrem gieße Leben ein,
heile du, wo Krankheit quält.

Der Herr brachte mich im Geist hinaus und versetzte mich mitten in die Ebene. Sie war voll von Gebeinen; sie waren ganz ausgetrocknet. Da sagte er zu mir: Sprich als Prophet über diese Gebeine und sag zu ihnen: Ihr ausgetrockneten Gebeine, hört das Wort des Herrn! So spricht Gott, der Herr, zu diesen Gebeinen: Ich selbst bringe Geist in euch, dann werdet ihr lebendig.

Buch Ezechiel 37,1bc.2b.4–5

Ungelebtes Leben –
verödete Seelenlandschaft
verschuldeter Herzensgrund
Kranken-Los.

Ungelebtes Leben
leben!
Der Geist
hilft auf –
mit dem Wasser des Lebens.

Zum Nachdenken

Gibt es Gegebenheiten, die mir das Leben schwer machen, und für die ich verantwortlich bin?
Welche Fähigkeiten, Beziehungen müssten wieder neu zum Leben erweckt werden?

Fürbitte

Lasst uns beten um Gottes lebendig machende Kraft des Geistes Gottes
– für alle, die ohne jede Perspektive in den Tag hineinleben;
– für alle, die unter Schuld zusammenzubrechen drohen;
– für alle, die an Körper und Seele erkrankt sind;
– für … [eigene Anliegen].

V: Sende aus deinen Geist.
A: Und das Antlitz der Erde wird neu.

Psalmgebet

Gott, du mein Gott, dich suche ich,
meine Seele dürstet nach dir.
Nach dir schmachtet mein Leib
wie dürres, lechzendes Land ohne Wasser.
Denn deine Huld ist besser als das Leben;
darum preisen dich meine Lippen.

Psalm 63,2.4

Abschluss siehe Seite 20

Achter Tag

Wärme du, was kalt und hart,
löse, was in sich erstarrt,
lenke, was den Weg verfehlt.

Das Wort des Herrn erging an mich: Ich schenke euch ein neues Herz und lege einen neuen Geist in euch. Ich nehme das Herz von Stein aus eurer Brust und gebe euch ein Herz von Fleisch. Ich lege meinen Geist in euch und bewirke, dass ihr meinen Gesetzen folgt und auf meine Gebote achtet und sie erfüllt.

Buch Ezechiel 36,16.26–27

Ins Fließen kommen
das Steinherz erwärmen.

In den Sackgassen
meiner Tage
Umkehr finden
zu dir
Gott.

Der Geist bewirkt es . . .

Zum Nachdenken

Wo ist eine Änderung meines Lebensstils erforderlich?
Ist meine Liebe und Sympathie für andere Menschen erstarrt?

Fürbitte

Lasst uns beten um die bewegende Kraft des Geistes Gottes
– für alle, die mit einer verfehlenden Lebensentscheidung hadern;
– für alle, deren Herz durch Schicksalsschläge und Enttäuschungen hart geworden ist;
– für alle, die auf der Suche nach Orientierung aus dem Glauben sind;
– für … [eigene Anliegen].

V: Sende aus deinen Geist.
A: Und das Antlitz der Erde wird neu.

Psalmgebet

Erschaffe mir, Gott, ein reines Herz
und gib mir einen neuen, beständigen Geist!
Verwirf mich nicht von deinem Angesicht
und nimm deinen heiligen Geist nicht von mir!
Mach mich wieder froh mit deinem Heil,
mit einem willigen Geist rüste mich aus!
Dann lehre ich Abtrünnige deine Wege,
und die Sünder kehren um zu dir.

Psalm 51,12–15

Abschluss siehe Seite 20

Neunter Tag

Gib dem Volk, das dir vertraut,
das auf deine Hilfe baut,
deine Gaben zum Geleit.

Lass es in der Zeit bestehn,
deines Heils Vollendung sehn
und der Freuden Ewigkeit. Amen.

Jesus sagte noch einmal zu den Jüngern: Friede sei mit euch! Wie mich der Vater gesandt hat, so sende ich euch. Nachdem er das gesagt hatte, hauchte er sie an und sprach zu ihnen: Empfangt den Heiligen Geist! Wem ihr die Sünden vergebt, dem sind sie vergeben; wem ihr die Vergebung verweigert, dem ist sie verweigert.

Johannes 20,19–23

Wir sind Geist-liche.
Ausgesandt
der Welt
die Gute Nachricht zu verkünden
den Besserwissern zum Trotz:
Christus ist auferstanden! Gott lebt!

Verkünden mit unserem Leben.
Wir können es
Wir sind Geist-liche!

Zum Nachdenken

Wie gestalte ich als Christ, als Christin meinen Alltag?
Wo bin ich in meinem Christsein herausgefordert?

Fürbitte

Lasst uns beten um den Beistand des Geistes Gottes
– für alle, die in der Verkündung des Glaubens stehen;
– für alle, die wegen ihres Glaubens verfolgt werden;
– für alle Mitglieder in unseren Kirchengemeinden;
– für … [eigene Anliegen].

V: Sende aus deinen Geist.
A: Und das Antlitz der Erde wird neu.

Psalmgebet

Der Herr ist meine Kraft und mein Schild,
mein Herz vertraut ihm.
Mir wurde geholfen. Da jubelte mein Herz;
ich will ihm danken mit meinem Lied.
Der Herr ist die Stärke seines Volkes,
er ist Schutz und Heil für seinen Gesalbten.
Hilf deinem Volk und segne dein Erbe,
führe und trage es in Ewigkeit!

Psalm 28,7–9

Abschluss siehe Seite 20

Abschluss

Komm, Heiliger Geist,
heilige uns!
Erfülle unsere Herzen mit brennender Sehnsucht
nach der Wahrheit, dem Weg und dem vollen Leben.
Entzünde in uns dein Feuer,
dass wir selbst davon zum Licht werden,
das leuchtet und wärmt und tröstet.
Komm, Heiliger Geist, heilige uns, stärke uns,
bleibe bei uns. Amen.

Aus der Ostkirche

Einladung zum Vaterunser

Alle, die sich vom Geist Gottes leiten lassen, sind Söhne und Töchter des einen Gottes, unseres Vaters. Deshalb beten wir voll Vertrauen: Vater unser im Himmel ...

Segen

Der dreifaltige Gott segne uns
mit den Gaben seines Heiligen Geistes.
Er öffne uns für seine Weisheit
und sei unsere Kraft und unser Trost
auf den Pilgerwegen unseres Lebens. Amen.